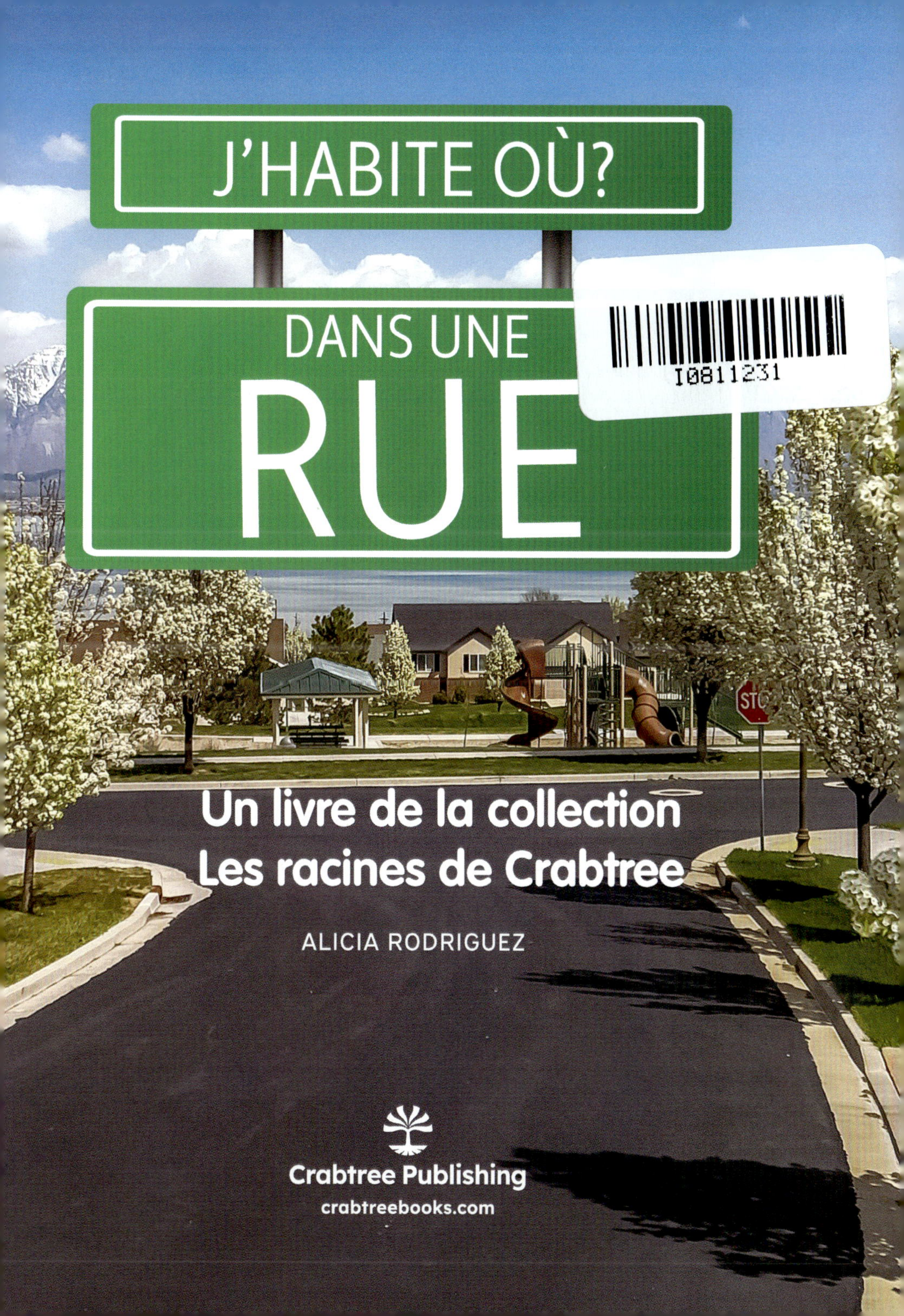

J'HABITE OÙ?

DANS UNE RUE

Un livre de la collection Les racines de Crabtree

ALICIA RODRIGUEZ

Crabtree Publishing
crabtreebooks.com

Soutien de l'école à la maison pour les parents, les gardiens et les enseignants

Ce livre aide les enfants à se développer grâce à la pratique de la lecture. Voici quelques exemples de questions pour aider le lecteur ou la lectrice à développer ses capacités de compréhension. Les suggestions de réponses sont indiquées en rouge.

Avant la lecture

- De quoi ce livre parle-t-il?
    - *Je pense que ce livre parle des rues où les gens habitent.*
    - *Je pense que ce livre parle de ce qu'on peut voir dans une rue.*

- Qu'est-ce que je veux apprendre sur ce sujet?
    - *Je veux savoir quels types d'édifices on peut voir dans une rue.*
    - *Je veux savoir de quelle longueur peut être une rue.*

Pendant la lecture

- Je me demande pourquoi...
    - *Je me demande pourquoi certaines rues ont des trottoirs et d'autres n'en ont pas.*
    - *Je me demande pourquoi des voitures sont stationnées dans certaines rues.*

- Qu'est-ce que j'ai appris jusqu'à présent?
    - *J'ai appris qu'on peut trouver des maisons sur les rues.*
    - *J'ai appris que les rues sont dans des quartiers.*

Après la lecture

- Nomme quelques détails que tu as retenus.
    - *J'ai appris que plusieurs personnes utilisent les trottoirs.*
    - *J'ai appris que les rues peuvent être courtes ou longues.*

- Lis le livre à nouveau et cherche les mots de vocabulaire.
    - *Je vois le mot **rue** à la page 3 et le mot **quartier** à la page 7. Les autres mots de vocabulaire se trouvent à la page 14.*

Ma maison est située dans une **rue**.

La rue est très longue.

NO
ARKING
HIS SIDE
F STREET

Elle fait partie
d’un **quartier**.

Il y a des maisons sur la rue.

FLORIST & GIFT SHOP
Gift Shop
Gift Shop
Flowers
Gifts

Il y a des **magasins** sur la rue.

Il y a un **trottoir** que plusieurs personnes utilisent.

J’aime la rue dans laquelle j’habite.

Liste de mots

Mots courants

aime
dans
de
des
est
il y a
longue
ma
maison
partie
plusieurs
que
sur
une
utilisent

La boîte à mots

magasins

quartier

rue

trottoir

48 mots

Ma maison est située sur une **rue**.

La rue est très longue.

Elle fait partie d'un **quartier**.

Il y a des maisons sur la rue.

Il y a des **magasins** sur la rue.

Il y a un **trottoir** que plusieurs personnes utilisent.

J'aime la rue dans laquelle j'habite!

J'HABITE OÙ?

DANS UNE RUE

Autrice : Alicia Rodriguez

Conception : Rhea Wallace

Développement de la série : James Earley

Correctrice : Janine Deschenes

Conseils pédagogiques : Marie Lemke M.Ed.

Traduction : Annie Evearts

Coordinatrice à l'impression : Katherine Berti

Références photographiques :
Shutterstock : Roschetzky Photography : couverture; Jason Fin : p. 1; Shuttersv : p. 3, 14; Silvandia : p. 5; zstock : p. 6, 14; Ruchard Cavalieri : p. 9: Micheal Shake : p. 10, 14; Monkey Business Images : p. 12, 14

Crabtree Publishing

crabtreebooks.com 800-387-7650

Imprimé au Canada/102023/CPC20231030

Paperback	978-1-0396-0731-6
Ebook (pdf)	978-1-0396-0737-8
Epub	978-1-0396-0743-9
Read-along	978-1-0396-0749-1
Audio book	978-1-0396-0755-2

Publié aux États-Unis
Crabtree Publishing
347 Fifth Avenue
Suite 1402-145
New York, NY, 10016

Publié aux États-Unis
Crabtree Publishing
347 Fifth Avenue
Suite 1402-145
New York, NY, 10016

Catalogage avant publication de Bibliothèque et Archives Canada

Titre: Dans une rue / Alicia Rodriguez ; texte français d'Annie Evearts. Autres titres: Street. Français.
Noms: Rodriguez, Alicia, auteur.
Description: Mention de collection: J'habite où? | Les racines de Crabtree | Traduction de : Street. | Comprend un index.
Identifiants: Canadiana (livre imprimé) 2021028255X | Canadiana (livre numérique) 20210282576 | ISBN 9781039607316 (couverture souple) | ISBN 9781039607378 (HTML) | ISBN 9781039607439 (EPUB) | ISBN 9781039607491 (livre numérique avec narration)
Vedettes-matière: RVM: Rues—Ouvrages pour la jeunesse. | RVM: Quartiers résidentiels—Ouvrages pour la jeunesse. | RVMGF: Documents pour la jeunesse.
Classification: LCC HT152 .R63514 2022 | CDD j307.76—dc23